#

Keine wahre Naturwissenschaft kann bestehen, ohne um ihre eigene Geschichte zu wissen. (Paul Friedländer)

Meinen Enkeln:

Rafael

Philipp

Joshua

Lucia

Hannah

Carla

Helena

Matteo

Verlag: BoD · Books on Demand GmbH, Überseering 33,
22297 Hamburg, bod@bod.de
Druck: Libri Plureos GmbH, Friedensallee 273, 22763 Hamburg
Armillarsphäre: Gerhard Bott: Schätze der Astronomie, 1983, Abb. 17

ISBN: 978-3-8192-4485-8

Annrose Niem

Kosmos und Mensch

Platons Timaios

Vorwort

Dies ist der 13. Vortrag einer Reihe von Vorträgen zu Themen aus der Antike. Ziel ist es, Zuhörer und Leser mit Werken der Antike zu konfrontieren und ihnen damit zu zeigen, dass viele unserer heutigen Gedanken und Probleme schon vor über 2000 Jahren gedacht und erlebt worden sind. Auch wenn die Wissenschaft natürlich damals noch in ihren Anfängen steckte, tut es gut, auf diese Weise einen Blick in ihre Geschichte zu werfen.

Dieser Vortrag hat – wie schon sechs andere vor ihm – einen Dialog Platons zum Thema, den Dialog *Timaios*. Dieser unterscheidet sich von Platons anderen Dialogen; denn in ihm geht es in erster Linie um naturwissenschaftliche Zusammenhänge, wenn der pythagoreische Astronom Timaios berichtet, wie er sich die Entstehung der Welt und der Menschen in ihr vorstellt.

Das scheint zunächst der Einschätzung des römischen Philosophen Cicero zu widersprechen; der im 1.Jh. v. Chr. gesagt hatte, Sokrates, der Lehrer Platons, habe die Philosophie vom Himmel auf die Erde herabgeholt. Damit meinte er, dass Sokrates – und damit auch Platon – sich im Gegensatz zu ihren Vorgängern, den sog. Vorsokratikern, nicht mehr mit naturwissenschaftlichen Phänomenen, sondern mit Problemen des Menschen und seinem Umfeld beschäftigt hätte.

Doch wenn man genau hinsieht, geht es auch im *Timaios* um das große ethische Thema, wie sich der Mensch verhalten sollte, um ein glückliches Leben führen zu können. Denn dadurch, dass Sokrates im Anfangsgespräch den Vortrag des Timaios mit dem von ihm entworfenen Idealstaat und den in ihm agierenden Bürgern in Verbindung bringt, entsteht ein großes Ganzes: Der von einem Gott geschaffene Kosmos dient dem Menschen als Maßstab für sein eigenes Denken. So soll er befähigt werden, Bürger eines Staates zu werden, in dem wahre Gerechtigkeit herrscht, ein Staat, in dem Sokrates nicht ungerecht zum Tode verurteilt würde.

Und doch haben die im *Timaios* behandelten naturwissenschaftlichen Zusammenhänge das meiste Interesse der Nachwelt gefunden. Denn die von Platon als letzte Aufbauelemente alles Seienden eingeführten Elementardreiecke, die einen Übergang von drei Elementengruppen ineinander möglich machen, kommen dem modernen Verständnis vom Atom schon sehr nahe.

So hat z.B. der Physiker Werner Heisenberg den *Timaios* als Abiturient mit großem Interesse gelesen und darin wichtige Anregungen für seine eigenen physikalischen Forschungen gefunden.

März 2025   Dr. Annrose Niem

Sokrates hatte am Vortag drei Freunden seinen Idealstaat vorgestellt, in dem die Erziehung besonders derer, die den Staat einmal lenken sollten, eine große Rolle spielen sollte. Nun möchte er von diesen Freunden als Gegengabe ein Beispiel dafür gebracht bekommen, dass ein solcher Staat auch in Wirklichkeit funktionieren könnte. Der Politiker und Philosoph Kritias, der neben dem pythagoreischen Philosophen Timaios aus Unteritalien und dem syrakusischen Feldherrn Hermokrates zu dieser Runde gehört, glaubt, in einer uralten, von ägyptischen Priestern überlieferten Beschreibung von Urathen einen solchen Staat gefunden zu haben. Die Urathener sollen damals auf dem Höhepunkt ihrer Macht die von Westen herannahende Großmacht Atlantis bezwungen haben.

Den Bericht des Kritias will man aber auf den nächsten Tag verschieben, um zunächst den pythagoreischen Astronomen Timaios zu Wort kommen zu lassen: Er soll darüber berichten, wie er sich die Entstehung der Welt vorstellt. So wird der Staat in den größeren Bereich des Kosmos eingebettet. Die mit dem Kosmos entstandenen und nach sokratischer Art erzogenen Menschen will Kritias dann am nächsten Tag in seinem Bericht über Urathen als dessen Bürger übernehmen. Im Vortrag des Kritias geht es dann auch um den Gegner Urathens, die sagenumwobene Insel Atlantis.

Über die Entstehung der Welt zu reden ist ein großes Unterfangen. So ruft Timaios zunächst die Götter um Hilfe an: Sie sollen gewährleisten, dass der Bericht in sich stimmig ist und ihnen auch genehm. Er selbst will sich darum bemühen, die Darstellung möglichst verständlich vorzubringen.

Wie bei jedem zu untersuchenden Gegenstand muss man auch beim Kosmos fragen, ob er schon von Anfang an da war oder erst später entstanden ist. Da wir die Welt aber mit unseren Sinnesorganen erfassen können, muss sie geworden sein; denn die Dinge, die schon von Anfang an waren, also ewig bestehen, kann man nicht mit den Sinnesorganen, sondern nur durch Denken erfassen. Daraus, dass die Welt schön ist, kann man schließen, dass ihr Schöpfer sie nach dem Vorbild des immer Seienden erschaffen hat.

(28c:) *Den Bildner und Vater dieses Alls zu finden ist schwierig, und hat man ihn gefunden, so ist es unmöglich, ihn allen zu vermitteln.*

Diese Bemerkung scheint zunächst rätselhaft, doch man kann sie sich so erklären: Platon war im Grunde bestrebt, das, was er selbst als wahr erkannt hatte, weiterzugeben. Aus seinen Werken wird klar, dass er selbst Monotheist ist, d.h. auf diese Stelle bezogen, dass für ihn nur **ein** Gott das Weltall erschaffen haben kann. Doch aus anderen Partien – z.B. aus dem Götteranruf am Anfang – geht hervor, dass er auch selbst den Bräuchen und Riten der Volksreligion mit ihren vielen Göttern folgte. Also kann man unser Zitat folgendermaßen deuten: Nach langem Suchen bin ich, Platon, zu der Erkenntnis gekommen, dass dieses großartige All nur **ein** Gott geschaffen haben kann; doch in dieser Erkenntnis werden mir nicht alle folgen können, weil sie selbst im uralten Glauben an viele Götter befangen sind, einem Glauben, den ihnen der Philosoph nicht nehmen will.

Doch zurück zum Thema:

Die Beschreibung der sichtbaren Welt kann nur Wahrscheinlichkeit für sich beanspruchen, weil es sich bei ihr nur um ein Abbild des immer Seienden handelt, das man im Gegensatz zu seinem Urbild mit den Sinnen wahrnimmt und nicht nur durch Denken erschließen kann.

An dieser Stelle kommt Sokrates noch einmal zu Wort. Er hält das bisher Gesagte für gelungen und freut sich auf das Folgende. Ab jetzt hat nur noch Timaios das Wort. Hören wir also nun seinen Vortrag:

Alles, was entsteht, muss eine Ursache haben. Die Ursache für die Entstehung der Welt sieht Timaios darin, dass der Gott in seiner Güte, die keine Missgunst kennt, eine Welt erschaffen wollte, die ihm selbst ähnlich, also möglichst gut und schön sein sollte. Timaios nennt diesen Gott Demiurg, Handwerker, Bildner. Er führte (30a:) *das vorhandene Reich des Sichtbaren, das sich in ungeordneter Bewegung befand, aus der Unordnung zur Ordnung.* Denn er erkannte, dass Vernunftloses nicht gut und schön sein kann. Und so gesellte er dem werdenden Weltkörper eine Seele zu, die er mit Vernunft ausstattete.

(30b:) *So also muss man – in den Grenzen der wahrscheinlichen Rede – behaupten, dass diese Welt durch des Gottes Fürsorge als ein in Wahrheit beseeltes und mit Vernunft begabtes Lebewesen entstand.*

Wenn die Welt sichtbar und fühlbar sein soll, bedarf es des Feuers und der Erde. Doch nur zwei Dinge lassen sich auf Dauer nicht haltbar zusammenfügen. Handelte es sich um eine Fläche, so würde **ein** weiteres Bindeglied genügen. Aber da es um einen Körper geht, bedarf es zweier Bindeglieder.

(32b:) *So stellte denn Gott Wasser und Luft zwischen Feuer und Erde ...*

Dabei müssen die richtigen Proportionen beachtet werden. – An dieser Stelle und im Folgenden ist es wichtig zu wissen, dass zur Zeit der Abfassung des *Timaios* gerade die Stereometrie, die Lehre vom Raum, durch den griechischen Mathematiker Theaitet eingeführt worden war. Außerdem kann man hier sehen, dass Platon seinem Makrokosmos und – wie wir später sehen werden – auch seinem Mikrokosmos mathematische Strukturen unterlegt hat. – Der so zusammengefügte Weltbau könnte nur durch den Gott, der ihn erschaffen hat, wieder aufgelöst werden.

Der Bildner nahm die vier Elemente in ihrer Gesamtheit, ohne davon etwas übrigzulassen; denn das All sollte ein möglichst vollkommenes Geschöpf werden, es sollte nichts übrigbleiben für eventuelle weitere Körper und es sollte unberührt bleiben von Alter und Krankheit.

Als seinem Wesen angemessen gab der Gott dem Ganzen die Gestalt einer Kugel, der vollkommensten Gestalt eines Körpers. Diese Kugel glättete er sorgfältig; denn alles Wichtige ereignet sich **in** ihr, so dass sie nach außen keine Fühlung aufnehmen muss. Die Bewegungsart ist die Drehbewegung, d.h. sie dreht sich um ihre eigene Achse.

Der Weltkörper ist ein geschlossenes Ganzes und vollkommen. In seiner Mitte hat die Weltseele ihren Platz. Sie ist durch die ganze Kugel gespannt und umgibt sie auch von außen. So genügt sich dieser vollkommene Körper selbst.

Erst an dieser Stelle beschreibt Timaios die Erschaffung der Weltseele, nicht ohne vorher klarzumachen, dass in Wirklichkeit ihre Erschaffung vor der Erschaffung des Weltkörpers lag. Die Weltseele bringt Leben in den Weltkörper, das sich in Bewegung äußert. Der Demiurg legte den Teil der Mischung, der mehr aus gleichmäßigen Teilen bestand, in einem Kreis außen herum. Das ist der Weltäquator, der die Welt von Ost nach West um die eigene Achse dreht. Der zweite Teil der Mischung bewegt sich im Inneren der Welt diagonal zum Weltäquator von West nach Ost. Er ist in sieben Bahnen geteilt, auf denen sich die sieben Planeten in verschiedenen Geschwindigkeiten bewegen. Diese hier so genannten Planeten sind Mond, Sonne, Venus, Merkur, Mars, Jupiter und Saturn; denn wir befinden uns im geozentrischen System.

Dadurch, dass der Weltkörper von der Seele durchdrungen ist, wird er unvergänglich und vernunftbegabt. Der Weltkörper ist sichtbar, die Seele unsichtbar, sie hat teil an Vernunft und Harmonie. Sie nimmt das Gleichmäßige und Geregelte durch

Denken und das Ungleichmäßige durch die Sinne wahr. So entsteht entweder eine gesicherte Erkenntnis oder eine bloße Annahme.

Als der Gott das Wunderwerk, das er geschaffen hatte, sah, freute er sich. Das war für ihn der Grund dafür, sein Werk noch mehr dem ewigen Urbild anzugleichen. So schuf er als ein bewegtes Abbild der Ewigkeit die Zeit: Tage, Nächte, Monate und Jahre lässt er nun entstehen. Zugleich entstehen Gegenwart, Vergangenheit und Zukunft, die das Urbild nicht hat.

Die Zeit entstand zusammen mit dem Weltall. Mit ihm zusammen würde sie auch einmal untergehen. Damit die Zeit entstehen konnte, wurden Sonne, Mond und die anderen fünf Planeten erschaffen. Sie wurden in die sieben Sphären des zweiten Kreises gesetzt.

Da sich der Weltäquator und die Planetenbahnen entgegengesetzt bewegen, entsteht der Eindruck, dass die Planeten, die sich am schnellsten bewegen, die langsamsten wären und umgekehrt. Damit aber ein Zeitmaß entstünde, ließ der Schöpfer die Sonne als Licht alles beleuchten. Auf diese Weise entstanden Tag und Nacht. Sie entstanden durch den Umlauf des sich gleichmäßig bewegenden Weltäquators. Der Umlauf des Mondes dauert einen Monat, der der Sonne ein Jahr. Den Umläufen der anderen Planeten wird nicht so viel Bedeutung beigemessen. Doch wenn alle acht Bahnen wieder an ihre Ausgangsposition gelangt sind, ist ein großes Weltjahr vergangen.

Im Gegensatz zum Urbild fehlen dem Abbild noch die lebendigen Wesen. Der Demiurg sieht vier Arten davon vor: die Götter, die geflügelten Wesen, die Wassertiere und die auf Füßen laufenden Landlebewesen.

Die Götter schuf er zum größten Teil aus Feuer. Unter den Göttern haben wir in erster Linie die Fixsterne zu verstehen. Sie haben die gleiche kugelrunde Form wie das gesamte All und sind über den gesamten Himmel verteilt. Sie drehen sich um sich selbst und bewegen sich außerdem mit dem Umschwung des Äquators vorwärts. Im Gegensatz zu den sich ungleichmäßig bewegenden Planeten sind sie vollkommen.

Als ersten göttlichen Körper innerhalb des Alls erschafft der Demiurg die ebenfalls kugelförmige Erde, geballt um die Weltachse als Hüterin von Tagen und Nächten. Was die anderen göttlichen Wesen (δαίμονες daimones) betrifft, so müsse man sich – sagt Timaios ironisch – auf die Aussagen derer verlassen, die behaupteten, ihre Nachfahren zu sein. Timaios nennt einige der gängigen beim Namen. – Platon hat an keiner anderen Stelle so abschätzig von der den Griechen vertrauten Götterwelt gesprochen wie hier. Böse Zungen behaupten, er habe das nur im *Timaios* getan, weil er meinte, dass sich nur wenige Leser an den schwer zu verstehenden Dialog herantrauen würden. –

Als alle Götter geschaffen waren, sowohl die Fixsterne als auch die anderen, beauftragt sie der Weltschöpfer, nun ihrerseits die drei noch fehlenden Arten von Lebewesen zu erschaffen. Denn wenn der Weltschöpfer sie selbst erschüfe, müssten sie unsterblich werden. Er selbst erschafft aber die Seelen, die dann von den Göttern mit sterblichen Anteilen vermischt werden sollten. Die Götter müssten auch sicherstellen, dass die Lebewesen zeit ihres Lebens versorgt und nach ihrem Tod wieder im All aufgenommen würden.

Der Mensch wird zwar bei der Aufzählung der zu schaffenden Lebewesen erst an letzter Stelle und da auch nur indirekt genannt (40a: *auf Füßen laufende Landlebewesen*), er steht aber in der nun folgenden Beschreibung im Mittelpunkt. Der Schöpfer selbst mischt aus den Resten der Bestandteile der Weltseele die Seelen für die irdischen Lebewesen. Die neue Mischung ist aber nicht so rein wie die der Weltseele. Anschließend teilt er jeder Seele einen Fixstern zu. So kann sie, wie auf einem Wagen, das All überblicken.

Dabei verkündigt er den Seelen *die unabänderlichen Schicksalsgesetze* (42e):
Alle Seelen sollen am Anfang dieselben Chancen haben, so dass sich keine von ihnen benachteiligt fühlen kann. Das stärkere Geschlecht soll der Mann sein. Bei der Einkörperung unterlägen sie alle denselben Sinneseindrücken und Emotionen. Wer sie in den Griff bekommt, kehrt nach der ihm zugemessenen Zeit an seinen Ursprungsstern zurück und führt dort ein seliges Leben. Wird einer mit den auf ihn einströmenden Eindrücken nicht fertig, kommt er im nächsten Leben zunächst in den Körper einer Frau und darauf in den eines Tieres. Bei Beginn eines neuen Weltenjahres hat jeder die Möglichkeit, wieder von vorn zu beginnen.

Nach Verkündigung dieser Gesetze überlässt der Demiurg den neu geschaffenen Göttern die Formung der Körper und die restliche Seelenbildung der Menschen. An jeglichem Unglück sei der Mensch selbst schuld. Damit war das Werk des Schöpfers getan, und er verharrte nun in Ruhe. Die von ihm geschaffenen Götter aber gingen daran, den Körper der Wesen zu erschaffen.

Aus dem All entnahmen sie Teile der vier Elemente, fügten sie aber nicht so fest zusammen, wie das bei ihnen selbst geschehen war. In den so geschaffenen Körper, der sich durch Zu- und Abfluss

(Nahrungsaufnahme und –ausscheidung) ständig veränderte, fügten sie die unsterbliche Seele ein. Körper und Seele lagen aber zu Anfang im Kampf miteinander: Die Bewegung der Seele ist an den stetigen Umschwung des Alls gebunden, der Körper schwankt jedoch besonders am Anfang, also in der Kindheit, ziellos in alle ihm möglichen Richtungen. Er wird von Empfindungen und Emotionen stark erschüttert, so dass die als regelmäßig gedachte Seelenbewegung stark gestört wird. So verfallen die Lebewesen in völligen Unverstand. Nachdem der Körper aber die fast nur durch Nahrungsaufnahme bestimmte Kindheit durchlaufen hat, nähern sich die Bewegungen an. Durch eine gute Erziehung wird der nun zur Vernunft gelangte Mensch der schlimmsten Krankheit, der Unwissenheit, entrissen. Anderenfalls kommt der Mensch als Unwissender in den Hades.

Doch nun soll es erst einmal um die Entstehung des Leibes in all seinen Teilen gehen. Dabei will sich Timaios wieder *an das am meisten Wahrscheinliche* halten. Die Götter bildeten einen dem All gleichenden kugelförmigen Körper, in den sie die unsterbliche Seele einsetzten. Damit dieser kugelförmige, heute Kopf genannte Körper aber nicht ziellos umherrollte und sich vielleicht dabei noch verletzte, gaben sie ihm als Unterbau und Fortbewegungsmittel den übrigen Körper bei, dass er unseren göttlichen Teil als Oberstes trüge. Da den Göttern die Vorderseite des Körpers eher zur Herrschaft berufen schien als die Rückseite, ließen sie den Körper sich vorzugsweise nach vorn bewegen und setzten das Gesicht auf die Vorderseite des Schädels.

Sie fügten dem Gesicht Sinnesorgane ein, die der Seele die Erkenntnis erleichtern sollten. So wurde das Gesicht zum beherrschenden Teil des Menschen: Zuerst erschufen sie die (45b:) *lichtspendenden Augen.* Ihnen entströmt ein mildes Feuer. Wenn dieses auf das Tageslicht trifft, vereinigt sich Gleiches mit Gleichem. So ist es nur bei Tage möglich, die Strahlen außen liegender Objekte zu erfassen und sie nach innen an die Seele weiterzugeben. Im Dunkeln ist dieser Vorgang nicht möglich. Da schließen sich die Lider, die die Götter zum Schutz der Augen geschaffen haben. Das dadurch im Innern zurückgehaltene Licht (Feuer) erzeugt die Traumbilder, von denen man nach dem Erwachen glauben kann, sie hätten sich in Wirklichkeit ereignet.

Alle Sinnesorgane sind jedoch nur Hilfsmittel für die Seele; denn (46d/e:) *von allem Seienden kann allein die Seele als dasjenige bezeichnet werden, dem der Besitz der vernünftigen Einsicht zukommt; diese aber ist unsichtbar, während Feuer, Wasser, Erde und Luft* (erg.: aus denen die Sinnesorgane gebildet sind) *sämtlich sichtbare Körper sind.* Wir müssen aber beide Erkenntnisarten, die durch die Seele und die durch die Sinnesorgane, gut unterscheiden. Von den Sinnesorganen sind uns die Augen zum größten Nutzen. Mit ihrer Hilfe kann man die (47b:) *Umläufe der Vernunft am Himmel erblicken und sie für unser eigenes Denken zunutze machen, dessen Abläufe mit jenen verwandt sind.*

Durch das Gehör dringen Sprache und Musik zu uns, deren Harmonie und Takt auch dazu verhelfen sollen, die Seelenbewegung in ein regelmäßiges Fahrwasser zu bringen.

An dieser Stelle macht Timaios einen deutlichen Einschnitt; denn er muss hier auf etwas eingehen, was er bisher unerklärt vorausgesetzt hat. Wir haben ja bemerkt, dass der Demiurg bei der Erschaffung der Welt das Vorhandensein der Elemente einfach vorausgesetzt hat. An einer Stelle war sogar davon die Rede, dass es ihm gefallen habe, *die vorhandene Unordnung in eine vernünftige Ordnung zu verwandeln* (30a). So soll es hier nun auch um das gehen, worum es sich bei dem bisher Vorausgesetzten handelt. Platon spricht von dem, was aus Notwendigkeit (ἀνάγκη ananke) vor der Weltentstehung bereits vorhanden war. Hier geht es also um die Materie. Das Wort Materie benutzt Platon allerdings nicht. Er misst jedoch dem, was vor der Weltentstehung schon da war, eine solche Bedeutung zu, dass er seine Schilderung noch einmal von vorn beginnen will.

Für Platon war klar, dass bei der Weltentstehung der Vernunft, d.h. dem göttlichen Willen, die Priorität einzuräumen ist:

(48a:) *... bei der Entstehung dieser Welt wirkten Notwendigkeit und Vernunft zusammen, dabei hatte aber die Vernunft die Oberhand über die Notwendigkeit; denn es gelang ihr, die Notwendigkeit dazu zu überreden, beim Werden der Dinge das meiste zum Besten zu führen. So kam dadurch, dass die Notwendigkeit der vernünftigen Überredung nachgab, dieses All zustande.*

Nun will Timaios also näher auf die Elemente eingehen, die er am Anfang einfach vorausgesetzt hatte. Er macht klar, dass auch diese Elemente auf ihren Ursprung hinterfragt werden müssten. Doch ihren Ursprung in aller Exaktheit nachzuvollziehen könne im Zusammenhang mit dieser Abhandlung nicht geleistet werden. Deshalb werde die Darstellung auch weiterhin nur Wahrscheinliches bringen können. Doch die jetzt folgende Darstellung soll detaillierter und genauer sein als die vorige.

Um zu unterstreichen, dass der neue Anfang für den Redner sehr schwierig sein werde, bittet Timaios hier zum zweiten Mal um göttliche Hilfe:

(48d:) *So lasst uns denn auch jetzt wie zu Beginn der Erörterungen Gott bitten, er möge uns durch die Klippen einer seltsamen und ungewöhnlichen Darstellung hilfreich hindurchführen in das ruhige Fahrwasser der Wahrscheinlichkeit; und so beginnen wir denn von neuem.*

War bisher nur vom ewigen Urbild und dessen Abbild die Rede, kommt nun ein Drittes hinzu: der Raum (χῶρα chora), in dem dieses Abbild entstehen kann. Timaios vergleicht diese drei Komponenten mit einer aus Vater, Mutter und Kind bestehenden Familie:

Urbild = Vater

Raum = Mutter

Abbild = Kind

Doch dieser Vergleich ist nur punktuell zu verstehen: Der Raum, der das Abbild in sich aufnimmt, ist selbst eigenschaftslos. Er ist in ständiger Bewegung, teils aus sich selbst heraus, teils durch die Bewegung der in ihm hin und her wogenden Elemente. Denn – wie wir alle beobachten können – gehen die vier Elemente ja ständig ineinander über.

Das macht es schwer, sie akkurat zu bezeichnen: was eben flüssig genannt werden konnte, ist im nächsten Augenblick fest oder nur noch ein Hauch, so dass das Wort *Wasser* nicht mehr zutreffend ist. Diesen Wirrwarr versucht Timaios in den Griff zu bekommen, indem er nun in einem Exkurs seine Grundanschauung noch einmal auf den Punkt bringt:

Es gibt

1. die nur durch Denken und Belehrung zu erfassende Welt der Ideen, unser Urbild. Sie zu erfassen ist nur den Göttern und einigen wenigen Menschen möglich. Aussagen über sie nennt man wahre Erkenntnis (λόγος logos).

2. die gewordene Welt, die nach dem Urbild der ewigen Welt erschaffen wurde. Sie ist nur mit den Sinnen zu erfassen. Aussagen über sie nennt man Vermutungen oder Annahmen (μῦθος mythos).

3. die ebenfalls ewige Welt des gestaltlosen, immer in Bewegung und Wandlung befindlichen Raums. Sie ist mit Denken **und** Sinnen zu erfassen und beeinflussbar. Aussagen über sie sind Träumen vergleichbar, man nennt sie Logos, der in Wirklichkeit kein wahrer Logos ist (νόθος λόγος nothos logos).

Nach diesem Exkurs wendet sich Timaios den Elementen näher zu. Dass sie ihrerseits nicht wirklich *Elemente* sind, sondern selbst einen Ursprung haben müssen, hatte er schon erklärt. Er sieht sie als winzige Körper an. Körper haben mehrere Seitenflächen. Diese Flächen können in Dreiecke unterteilt werden. Timaios zieht zwei Arten von rechtwinkligen Dreiecken in Betracht, die er für die schönsten hält, Eins von ihnen ist gleichschenklig, das andere ungleichseitig. Aus den ungleichseitigen Dreiecken setzen sich Feuer, Wasser und Luft zusammen, aus den gleichschenkligen das Element Erde. Durch die starke Schüttelbewegung im Raum werden die Elemente zersprengt oder gequetscht, so dass sie – außer dem Element Erde – ständig ineinander übergehen.

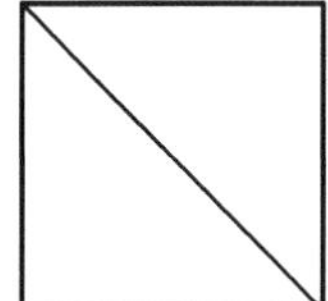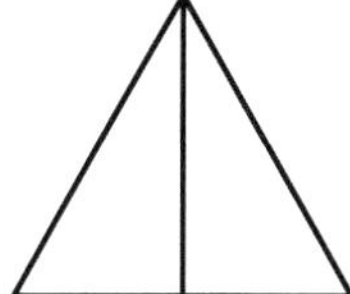

Dabei spielen die Formen der Körper, die Timaios den einzelnen Elementen zuweist, eine wesentliche Rolle. Es handelt sich um die heute so genannten platonischen oder regulären Körper, die sich durch ihre besondere symmetrische Vollkommenheit auszeichnen. Timaios weist das spitze Tetraeder dem Feuer, das etwas weniger spitze Oktaeder der Luft und das zwanzigseitige Ikosaeder dem Wasser zu. Die Flächen dieser Körper bestehen aus gleichseitigen Dreiecken, die man wieder in rechtwinklige

Dreiecke zerlegen kann. Das Element Erde dagegen hat die Form eines Hexaeders bzw. Würfels, dessen Seiten quadratisch sind und sich in zwei gleichschenklige rechtwinklige Dreiecke zerlegen lassen. So wird ihm eine besondere Stabilität zugeschrieben. Man muss sich diese Körper so winzig vorstellen, dass sie nur in Ansammlungen für uns sichtbar werden.

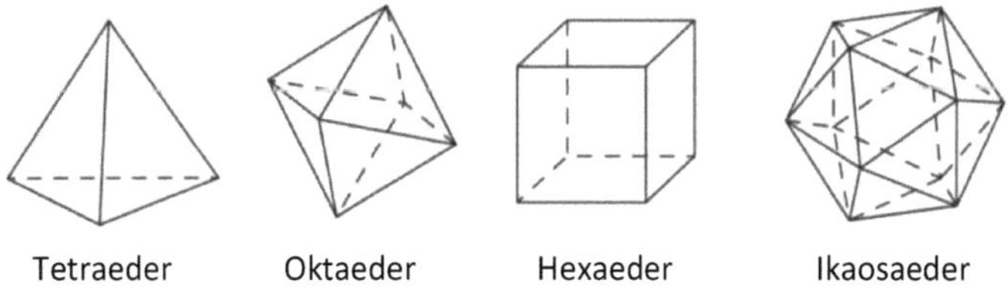

Wird Erde durch ein anderes Element auseinandergerissen, tritt sie danach doch immer wieder zusammen. So ist das Element Erde im Gegensatz zu den drei anderen nicht dazu geeignet, in andere Elemente überzugehen.

Nun könnte man sich darüber wundern, dass die Körper, die sich bereits in ihre Arten getrennt haben, weiter in Bewegung sind. Das liegt daran, dass der Weltkörper das Bestreben hat, immer wieder in seine ursprüngliche Stellung zurückzukehren. Er presst dabei alle in ihm befindlichen Dinge zusammen und hält sie dadurch weiter in Bewegung. Denn jeder Körper hat im Weltall seinen eigenen Bereich, und es gibt keinen leeren Raum.

Je nach Größe der Elementardreiecke können die Elemente verschiedene Formen annehmen Das Feuer kann Flamme, Licht oder Glut sein; die Luft Äther, Nebel oder Dunst. Das Wasser kann die meisten Formen annehmen: Darunter gibt es leichtflüssige und schwerflüssige Arten. Unter die schwerflüssigen fallen z.B. geschmolzenes Gold und Erz; aus leichtflüssigem Wasser kann Hagel, Eis, Schnee und Reif entstehen. Die meisten Wasserarten werden durch Pflanzen gesiebt. Das sind die Säfte. Einige, wie z.B. Wein, Öl und Honig, sind feurig. Die Arten der Erde sind durchsichtige und undurchsichtige Steine, Ton, Natron und Salz. Lose Erde wird durch Wasser gelöst, feste nur durch Feuer.

Die verschiedenen Elemente müssen empfunden und wahrgenommen werden können. Streng genommen könnte man das erst dann erklären, wenn zunächst der Ursprung des menschlichen Fleisches und die sterblichen Teile der Seele beschrieben sind. Ist das geschehen, soll alles noch einmal von neuem betrachtet werden. – Hier wird also ein dritter Neuanfang angekündigt.

Doch zunächst werden erst einmal die Gegensätze von Warm und Kalt, Hart und Weich, Schwer und Leicht, Oben und Unten, Angenehm und Unan-

genehm erklärt. All diese Gegensätze empfindet der
gesamte Körper.

Auf einzelne Körperteile bezogen stellen sich
folgende Fragen: Wie entstehen die verschiedenen
Geschmacksarten auf der Zunge, die verschiedenen
Gerüche in der Nase, die verschiedenen Klänge in
den Ohren, die verschiedenen Farben in den Augen?

Damit hat Timaios das Ende des zweiten Teils
seiner Abhandlung erreicht. Er fasst jetzt beide Teile
noch einmal folgendermaßen zusammen:
Es gibt für die Entstehung des Alls und dessen, was
in ihm ist, zwei Ursachen: den göttlichen Willen, ein
möglichst gutes Abbild des ewigen Urbilds zu schaffen, und den neben dem ewigen Urbild schon von
Anfang an vorhandenen Raum, der in sich die Masse
der Elemente enthält.

Wenn der Mensch glücklich werden will, soll
er sich vor allem seines göttlichen Ursprungs be-
wusst werden.

Nun hat Timaios das nötige Bauholz (ὕλη hy-
le/lat. materia) zusammen, um sein Vorhaben zu be-
enden. – Hier taucht der Begriff Hyle in seiner ursprünglichen Bedeutung Bauholz auf. In übertrage-
nem Sinn Materie wird er von Platon noch nicht benutzt. – Es beginnt nun der dritte Teil der Abhand-

lung, in dem beide beschriebenen Ursachen in ihrem Zusammenwirken betrachtet werden sollen. Timaios will an derselben Stelle neu einsetzen, an der er den ersten Teil beendet hatte.

Wir erinnern uns: In den wichtigsten Teil des Menschen, den Kopf, hatten die Götter den unsterblichen Teil der Seele eingesetzt. Dem Kopf sollte der übrige Körper nur als Vehikel dienen. Doch um die dem Kopf zugeordneten Sinnesorgane und den Körper zu beschreiben, bedurfte es der vorherigen Beschreibung des Raums und der in ihm enthaltenen Elemente. Nun können im dritten Teil der Abhandlung beide Ursachen, die göttliche und die notwendige, vorausgesetzt werden.

Nachdem nun die Götter in den menschlichen Kopf die unsterbliche Seele eingesetzt hatten, fügten sie dem Körper noch eine sterbliche Seele ein. *Sie war die Heimstätte gefährlicher und unvermeidlicher Emotionen. Dazu gehörten Lust und Schmerz, Draufgängertum, Furcht, Zorn, Hoffnung, vernunftlose Wahrnehmungen und die Leidenschaft alles wagender Liebe* (69d), kurzum Emotionen, die keine guten Ratgeber sind. Damit die unsterbliche Seele möglichst wenig von der sterblichen beeinträchtigt würde, wurde der Hals als Korridor zwischen Kopf und Körper gesetzt.

Der sterbliche Teil der Seele wurde in den Rumpf eingeschlossen. Dieser wurde wiederum durch das Zwerchfell in zwei Teile geteilt. Denn die sterbliche Seele hatte ihrerseits wieder zwei Teile. Ihr besserer Teil, Träger des Muts und des Zorns, kam in den oberen Teil, den Brustkorb. Er musste ggf. der unsterblichen Seele, also der Vernunft, behilflich sein, die Begierden im Zaum zu halten. Deshalb lag er auch näher am Kopf.

Das Herz, *Knotenpunkt der Adern und Quelle des durch alle Glieder mächtig strömenden Blutes* (70b), setzten die Götter sozusagen auf einen Wachtposten: Bei der Wahrnehmung von Gefahr durch die Begierden beginnt es wild zu klopfen. Zu seiner Abkühlung schufen sie die weiche, schwammartige Lunge, die sie ums Herz herumlegten. So sollte die Vernunft im Zorn des Herzens einen Bundesgenossen erhalten.

Den schlechteren, also den begehrlichen Seelenteil, legten die Götter in den Bereich zwischen Zwerchfell und Nabel. Wie ein wildes Tier wurde er dort festgekettet und ernährt. Ihn brauchte man, damit überhaupt ein sterbliches Geschlecht bestehen konnte. Er sollte ständig an der Krippe gefüttert werden. So war er möglichst weit entfernt vom vernünftigen Teil der Seele, für dessen Überlegungen und Weisungen er sich nicht im Geringsten interessierte.

Um für diesen Seelenteil doch eine Möglichkeit zu schaffen, an den Gedanken des vernünftigen Teils teilzuhaben, schufen die Götter in seinem Bereich die Leber, glatt und glänzend. Auf ihr sollten sich die Gedanken des vernünftigen Seelenteils widerspiegeln. So sollte der begehrliche Seelenteil mit Schrecken erfüllt werden, wenn die Leber sich durch Einwirkung der Galle in ein runzliges Gebilde verwandelte. Wenn sie sich wieder glättete – und das geschah mit Hilfe der Milz, die wie ein Wischlappen diente, – sollte das zur Heiterkeit dieses Seelenteils beitragen *und ihm in der Nacht einen maßvollen Genuss bereiten durch die Gabe der Weissagung im Schlafe als eine Art Ersatz für den Mangel an vernünftiger Einsicht* (71d). Um ihm eine gewisse Berührung mit der Wahrheit zu geben, verlegten die Götter, die ja den Auftrag hatten, alles möglichst gut und schön zu machen, den Sitz der Weissagung in die Leber. Dass aber die Weissagung nur einem verdunkelten Geisteszustand zugänglich ist, liegt klar auf der Hand; denn Wahrsagen gelingt nur im Bann des Schlafes oder in Verzückung, und es bedarf der Deutung durch Männer, die im vollen Besitz ihrer Geisteskraft sind. Das sind dann Propheten oder Dolmetscher.

Da den Göttern von vornherein klar war, dass die Menschen maßlos und übermäßig essen und trinken würden, schufen sie die große untere Bauchhöhle. In ihr ließen sie die zahlreichen Darmwindungen entstehen, so dass die Nahrung nicht so schnell hindurchfände. Dadurch entstand nicht so bald wieder die Begierde zur Nahrungsaufnahme. Denn sie machte den Menschen unfähig, Philosophie zu treiben oder sich in den Dienst der Musen zu stellen, was ja das Gebot des Göttlichen in uns ist.

Nun soll es um Knochen und Fleisch gehen. Ursache für ihre Entstehung ist das Mark, in dem die mit dem Körper verbundene Seele ihren Halt hat. Das Mark selbst ist körperlich, wird jedoch aus besonders regelmäßigen Elementardreiecken gebildet. Dasjenige, das die göttliche Seele enthält, formten die Götter rund. Man nennt es das Gehirn (ἐγκέφαλον enkephalon: das, was im Kopf/κεφαλή kephale ist).

Um das Ganze legten sie eine knöcherne Umhüllung. Die Knochen entstanden aus einer Mischung von Erde und Mark, die mehrmals Feuer und Wasser ausgesetzt wurden. So wurden sie fest gemacht. Mit dieser Substanz wurde kunstvoll eine knöcherne Kugel gebildet, die das Gehirn umspannte und es von allen Seiten schützte. Nur ein schmaler Ausgang wurde gelassen.

Das übrige Mark wurde länglich gestaltet und sollte die sterblichen Seelenteile enthalten. Zum Schutz von Nacken und Rückenmark schufen die Götter knöcherne Wirbel, die sie durch Gelenke beweglich machten. Sie verliefen vom Kopf aus durch den ganzen Rumpf. Durch Sehnen wurde alles biegsamer gemacht und zum Schluss mit Fleisch umkleidet.

Mit dem wenigsten Fleisch umkleidet wurde der Kopf, Sitz des göttlichen Seelenteils und des Denkens. Das meiste Fleisch umgab den begehrlichen Seelenteil. Der Verstand aber durfte nicht durch Fleisch am Denken gehindert werden:

(75b/c:) *Als nun aber die mit unserem Entstehen befassten Schöpfer überlegten, ob sie ein langlebigeres, aber schlechteres oder ein kurzlebigeres, aber besseres Geschlecht machen sollten, kamen sie überein, auf jeden Fall das kürzere, bessere Leben dem längeren, schlechteren vorzuziehen.*

Der Kopf durfte aber nicht ganz schutzlos sein. So wurde er von Haut umgeben. Mit Hilfe des Feuers wurde die Haut durchlöchert und die Haare darin befestigt. Durch deren Wuchs wurde die Leichtigkeit der geistigen Auffassung nicht gehemmt. In Anbetracht der Tatsache, dass einst aus Männern Frauen oder auch Tiere würden, schufen die Götter auch Finger- und Zehennägel.

Da der so ausgestattete Mensch ständig dem Feuer und der Luft ausgesetzt war, wäre er hilflos zu Grunde gegangen. Deshalb schufen die Götter die Pflanzen zur Abhilfe. Sie sind der menschlichen Natur verwandt, haben aber nur Anteil am dritten Seelenteil. So können sie nur Angenehmes und Unangenehmes unterscheiden. Sie sind belebte Wesen, aber ohne die Fähigkeit, sich zu bewegen.

Die Pflanzen dienen dem Menschen nicht nur zum Schutz, sondern auch zur Nahrung. Das nimmt Timaios zum Anlass, die Einrichtung des Verdauungsapparats der Menschen zu beschreiben. Eng verbunden damit ist die der Blutzirkulation und der Atemwege. Diese Partie bleibt jedoch unverständlich. Schon Galen, der große Arzt aus dem 2. nachchristlichen Jahrhundert, hat sie nicht verstanden.

Bei all diesen Beschreibungen legt Platon größten Wert auf die Feststellung, dass es im gesamten System keine Leere gibt. So trifft z.B. die ausgeatmete Luft nicht ins Leere, sondern bringt alles Umgebende in Bewegung. Dem zu vergleichen ist, dass Töne, die langsamer oder schneller in unser Ohr gelangen, sich gegenseitig schieben und überlagern und sich so zu schönen Harmonien vermischen. (80b:) *Dadurch gewähren sie den Unverständigen Sinnesgenuss, den Verständigen aber intellektuelles Ver-*

gnügen; denn sie wissen, dass hier sterbliche Bewegungen die göttlichen Harmonien nachahmen.

Immer wenn sich etwas auflöst oder neu zusammensetzt, ist nichts Leeres darum, sondern die Dinge tauschen miteinander die Plätze und nehmen ihren eigenen Platz im All ein, zuäußerst das Feuer, dann die Luft, das Wasser und schließlich die Erde.

Ein aus frischen Dreiecken bestehender, also ein junger Mensch wächst durch die ihm zugeführte Nahrung. Ein alter Mensch, dessen Gefüge durch viele Kämpfe während seines Lebens locker geworden ist, schwindet langsam dahin. Schließlich verlieren die Bänder, die die Seele mit dem Mark verbinden, ihren Halt. Da fliegt die Seele mit Lust in die Freiheit. Ein Mensch, der so ohne Krankheit oder Gewalteinwirkung stirbt, stirbt leicht und glücklich.

Damit ist der Übergang zum nächsten Thema, der Krankheit, gegeben. Timaios untersucht zunächst die Krankheiten des Körpers: Grundsätzlich entstehen sie durch ein Ungleichgewicht der Elemente im Körper. Es können aber auch die verschiedenen Teile des Körpers wieder in ihre ursprünglichen Bestandteile zerfallen. Timaios geht verschiedene Möglichkeiten durch.

Die Krankheiten der Seele sind auf den Körper zurückzuführen. Unvernunft (ἄνοια anoia) ist eine seelische Krankheit, von der es zwei Arten gibt, den Wahnsinn (μανία mania) und die Unwissenheit (ἀμαθία amathia). Die schwersten Krankheiten entstehen, wenn Lust und Schmerz das Maß übersteigen. So sind z.B. Menschen mit übermäßigem Geschlechtstrieb großen Lüsten und Schmerzen ausgesetzt, die sie keinen vernünftigen Gedanken fassen lassen. Diese Menschen gelten als schlecht, obwohl sie doch nur krank sind. Schlecht bzw. böse ist kein Mensch freiwillig. Vielmehr ist er Opfer einer Krankheit oder schlechter Erziehung.

Man kann Krankheiten entgegenwirken, indem man darauf achtet, dass geistige Tätigkeit durch körperliche ergänzt wird und umgekehrt. *Die Ernährerin und Amme des Weltalls* – so hatte Timaios im zweiten Teil den Raum bezeichnet – sollte man sich zum Vorbild nehmen und sich in ständige Schwingungen versetzen. Diese aus sich selbst erfolgende Bewegung ist die beste. Bewegung durch Fremdeinwirkung ist schlechter, am schlechtesten ist die Bewegung, die durch Verabreichung von Medikamenten erzielt wird.

Nachdem gesagt ist, wie der Mensch seinen Körper am besten pflegen kann, soll nun noch einmal das Augenmerk auf den wichtigsten Teil des Menschen, seine Seele, gelenkt werden. Derjenige der drei Seelenteile, der am wenigsten gefordert ist, wird der schwächste sein. Alle drei Seelenteile sollten im rechten Verhältnis zueinander stehen. Den besten Seelenteil sollte man sich als Schutzgeist (δαίμων daimon) vorstellen, von Gott gegeben. Er lässt den Menschen nach oben blicken zu der ihm verwandten Himmelsregion; denn wir sind nicht irdischen, sondern himmlischen Ursprungs. Wer sich nur den Begierden und dem Ehrgeiz hingibt, ist das Muster eines rein irdischen Geschöpfs.

(90b:) *Wer aber all sein Bemühen auf die Bereicherung seines Wissens und den Erwerb wahrer Erkenntnisse gerichtet und diesen Teil seiner Seelenkräfte vor allem in reger Tätigkeit gehalten hat, der muss notwendig, insofern er die Wahrheit erfasst, unsterbliche und göttliche Gedanken in sich tragen und wird seinerseits, soweit die menschliche Natur für Unsterblichkeit empfänglich ist, es in dieser Beziehung an nichts fehlen lassen, und da er stets dem Göttlichen alle Sorge zuwendet und selbst in sich den Schutzgeist als hochgeehrten Hausgenossen beherbergt, so muss er auch überschwänglich glücklich sein.*

Die Aufgabe, das All bis zur Entstehung der lebendigen Wesen in ihm zu behandeln, ist nun fast erfüllt. Jetzt muss nur noch die Entstehung der übrigen Lebewesen beschrieben werden, und das in aller Kürze:

Alle Männer, die in ihrem Leben feige und ungerecht waren, werden aller Wahrscheinlichkeit nach in ihrem zweiten Leben eine Frau. Mit der Entstehung der Frau haben die Götter auch den Zeugungstrieb geschaffen, indem sie sowohl den Männern als auch den Frauen eine Art Lebewesen einpflanzten, das aus dem beseelten und atmungsfähigen Mark entstanden ist Das setzten sie bei den Männern an den Blasenausgang, bei den Frauen in Scheide und Gebärmutter. So entstand der Zeugungstrieb. Er macht den Mann rasend vor Begierde, so dass er keinen vernünftigen Gedanken mehr fassen kann; die Frau aber macht er unleidlich und sogar krank, wenn ihre Begierde nicht rechtzeitig erfüllt wird. Wenn gegenseitige Liebe und Begierde beide zusammenführen, werden in die Scheide (91d:) *wie in Ackerland auf Grund ihrer Winzigkeit unsichtbare und ungestaltete Lebewesen gesät. Sie werden im Inneren großgezogen und dann ans Licht gebracht.*

Aus leichtsinnigen und bei der Betrachtung des Himmels nur ihren Sinnen trauenden Männern entstehen die geflügelten Wesen. Anstelle der Haare wachsen ihnen Flügel.

Die Landtiere erschufen die Götter aus Männern, die überhaupt nicht philosophierten und sich durch die beiden unteren Seelenteile leiten ließen. So wurden ihre Köpfe der Erde zugekehrt. Sie wurden vier- und vielfüßig. Je unvernünftiger sie waren, desto mehr Füße bekamen sie. Die unverständigsten bekamen gar keine Füße mehr.

Das Geschlecht der im Wasser lebenden Tiere bestand aus den Unverständigsten, die zur Buße die untersten Wohnungen erhielten. Das Prinzip ist also, dass sich die Lebewesen durch Verlust und Erwerb von Vernunft und Unvernunft verändern.

Am Ende lobt Timaios den von ihm beschriebenen Kosmos mit folgenden Worten (92c):
Und nunmehr dürfen wir sagen, dass unsere Erörterung über das All ihr Ende erreicht hat; denn, ausgestattet mit sterblichen und unsterblichen Wesen und vollständig erfüllt, ist die Welt ein sichtbares lebendiges Wesen geworden, das alles Sichtbare umfasst, ein Abbild des nur denkbaren Schöpfers, ein sinnlich wahrnehmbarer Gott, der mächtigste und schönste – eben diese eine und einzige Welt.

Literatur

Platonis opera ed. Burnet, Bd. 4, Oxford 1957

Platon, Timaios, übers. v. H. Müller in: Platon in acht Bänden, Bd. 7, hrsg. v. G. Eigler, Darmstadt 1972

Platons Timaios, griech. u. dtsch., übers. v. T. Paulsen u. R. Rehn, Stuttgart 2003

Platons Dialoge Timaios und Kritias, übers. u. erl. Von O. Apelt, Leipzig 1922

Paul Friedländer: Platon, Bd. 3, 329 ff.. Berlin 1960

Hans - Georg Gadamer: Idee und Wirklichkeit in Platos Timaios (1974) in: Wege zu Plato, 34 ff., Stuttgart 2001

Konrad Gaiser: Die Zusammensetzung der Weltseele im Timaios In: Platons ungeschriebene Lehre, 41 ff., Stuttgart 1963

Werner Heisenberg: Physik und Philosophie in: Weltperspektiven Bd. 2, Berlin, 1959

Wolfgang Schadewaldt: Das Weltmodell der Griechen in: Hellas und Hesperien, Bd. 1, 601 ff., Zürich 1970

Thesaurus der exakten Wissenschaften, hrsg. v. M. Serres u. N. Farouki, Frankfurt 2001

Von der Autorin sind in derselben Reihe bei BoD auch folgende Broschüren mit populärwissenschaftlichen Vorträgen erschienen:

- 2010: **Seneca und Plinius.** Zwei Vorträge zu antiken Themen im Stadtmuseum Quakenbrück: Der erste Vortrag bietet eine Einführung in Senecas Philosophie an Hand der Trostschrift an seine Mutter Helvia; der zweite stellt den Jüngeren Plinius vor und hat seine beiden Briefe über den Vesuvausbruch im Jahr 79 zum Schwerpunkt.
- 2011: **Weltall, Erde und Mensch bei Plinius dem Älteren**: Thema sind Leben und Werk Plinius des Älteren. Im Mittelpunkt steht seine große naturwissenschaftliche Enzyklopädie, die *Naturalis Historia*. Nach einem Seitenblick auf die Herstellung eines antiken Buches geht es besonders um die Vorstellungen von Kosmos, Erde und Mensch des ersten nachchristlichen Jahrhunderts, die uns Plinius in seinem Werk vermittelt.

Diese beiden Bände sind 2014 in dem Sammelband mit dem Titel **Seneca – stoischer Betonkopf oder einfühlsamer Lebensberater?** erschienen. ISBN: 978-3-7357-3705-2

- 2012: **Atlantis – Phantom oder Wirklichkeit?** Wie ein Text aus dem vierten vorchristlichen Jahrhundert noch heute die Wissenschaft in Atem hält: ISBN: 978-3-8448-1118-6: Im Mittelpunkt steht die Atlantis-Erzählung des griechischen Philosophen Platon. Die Frage, ob sie auf historisch-geografischen Tatsachen beruht oder eine Fiktion ist, hat schon viele Generationen beschäftigt. Einen besonderen Reiz hat sie für die späteren Interpreten dadurch bekommen, dass die Insel in Folge einer weltweiten Katastrophe an nur einem Tag im Meer versunken sein soll. Diejenigen, die Insel und Katastrophe für historisch halten, haben natürlich die Beweislast und müssen ihre Hypothesen

historisch-geografisch und naturwissenschaftlich un-
termauern.

- 2013: **Weiß auch ich, dass ich nichts weiß?** –
  Gedanken zu Sokrates und Platon: ISBN: 978-3-8482-
  5785-0: Anhand Platons *Apologie des Sokrates* sowie
  seiner Dialoge *Euthyphron*, *Theaitet*, *Kriton*, *Phaidon*
  und des Höhlengleichnisses aus dem *Staat* wird der
  Frage nachgegangen, was es mit dem Ausspruch des
  Sokrates „Ich weiß, dass ich nichts weiß" auf sich hat.

- 2014: **Gerechtigkeit unter der Lupe** – Was wir in
  Platons *Staat* über Gerechtigkeit und Ungerechtigkeit
  erfahren: ISBN: 978-3-7322-8403-0: Der Titel dieses
  Vortrags erklärt sich daraus, dass Sokrates in Platons
  Staat für eine Definition von Gerechtigkeit beim einzelnen Menschen die Gerechtigkeit im Staat quasi als
  Vergrößerungsglas benutzt. Dafür lässt er vor seinen
  Zuhörern das Bild eines neuen, eines gerechten Staates entstehen. Gefragt, ob die Verwirklichung eines
  solchen Staates möglich sei, nennt Sokrates drei Be-
  dingungen: die Gleichberechtigung der Frau, Frauen-
  und Kindergemeinschaft und die Herrschaft von wah-
  ren Philosophen.

- 2015: **Hat das Delphische Orakel den Lyderkönig
  Krösus falsch beraten?** ISBN: 978-3-7347-6057-0:
  Über ein Jahrtausend fanden Privatleute und Politiker
  aus ganz Griechenland und der angrenzenden Welt
  Rat beim Apollon-Orakel in Delphi. Sie kamen dort-
  hin auf oft langen, beschwerlichen Wegen: zu Pferd,
  in der Kutsche, auf einem Schiff oder auch zu Fuß. So
  konnten sie sich lange Gedanken darüber machen, wie
  sie ihre Fragen an den Gott genau formulieren sollten,
  und auch schon darüber, wie die Antwort ausfallen
  könnte. Direkt vor der Befragung fiel ihr Blick in der
  Vorhalle des Tempels auf die berühmten Sprüche von
  Weisen, allen voran das „Erkenne dich selbst!". Diese
  Aufforderung verwies sie in ihre engen Grenzen als

unwissende Menschen gegenüber dem allwissenden
Gott. In dieser Haltung sollte auch die Antwort, die ihnen die Pythia gab, gedeutet werden.

- 2016: **Quakerich eilte zu Hilfe** – Der pseudohomeri-
  sche Frosch-Mäuse-Krieg: ISBN: 978-3-7392-3067-2:
  Der *Frosch-Mäuse-Krieg*, ein kleines Epos von knapp
  300 Versen, ist wahrscheinlich in hellenistischer Zeit
  entstanden. Lange Zeit diente er als Schullektüre; dieser Tatsache verdanken wir, dass das Werk überhaupt
  auf uns gekommen ist, andererseits gibt es deshalb
  zahlreiche Varianten, so dass der Text zeitlich nur
  schlecht eingeordnet werden kann. In diesem Vortrag
  geht es auch um die beiden homerischen Epen *Ilias*
  und *Odyssee*, die im *Frosch-Mäuse-Krieg* parodiert
  werden.
- 2017: **Platonische Liebe** – Ein Gang durch Platons
  Symposion: ISBN: 978-3-7431-6395-9: Der Ausdruck
  „Platonische Liebe" dürfte allgemein bekannt sein. In
  diesem Vortrag über Platons Symposion soll der Her-
  kunft der Bezeichnung nachgegangen werden. Im
  Symposion wird in gastlicher Atmosphäre zunächst
  bei mäßigem Weingenuss über das Thema Eros/Liebe
  diskutiert, bis die Versammlung schließlich von einem
  ehemaligen Schüler des Sokrates in feucht-fröhliche
  Bahnen gelenkt wird. Dadurch wird die Diskussion
  über die Liebe zu einem ungeahnten, aber aufschluss-
  reichen Ende geführt.
- 2018: **Heute gehen wir ins Theater!** – Die antiken
  Wurzeln des europäischen Theaters: ISBN:978-3-
  7460-6560-1: Nach einer Einführung in die Theater-
  praxis im alten Griechenland werden zunächst die drei
  Tragiker Aischylos, Sophokles und Euripides vorgestellt. Dann werden die Leser in eine Aufführung des
  sophokleischen "König Ödipus" mitgenommen. Zum
  Schluss folgt eine Vorführung der „Frösche" des Ko-
  mödiendichters Aristophanes.

- 2019: **Wanderung von Knossos zur Zeusgrotte, –** Platons „Gesetze": ISBN: 978-3748-14448-9: In Platons letztem Werk, den „Gesetzen", kann man sehen, dass sein ganzes Schaffen vom Tod seines Lehrers Sokrates bestimmt war. Er entwirft hier noch einmal einen Staat, der realistischer ist als der in seinem *Staat* beschriebene, aber doch auf göttlichen Gesetzen fußt. Besonderes Gewicht legt er dabei auf die Gesetzgebung bei Religionsfrevel (Asebie). Man könnte den Eindruck bekommen, er habe hier seinen Lehrer Sokrates postum vom Vorwurf der Asebie freisprechen und stattdessen seine von den Sophisten beeinflussten Richter vor den Richterstuhl zitieren wollen.

- 2020: **Mittagshitze unter der Platane** – Platons „Phaidros": ISBN: 978-3750-46911-2: Im Zentrum von Platons spätem Dialog „Phaidros" steht eine Rede des Sokrates, die er vor einer prächtigen Naturkulisse vor dem jungen Phaidros hält. Thema dieser Rede ist die Liebe, die Sokrates mit Hilfe eines anschaulichen Seelenmythos zu beschreiben und zu begründen versucht. Ein großes Werk, das seine Spuren in der Weltliteratur hinterlassen hat.